Santo Aparecido de Oliveira Rocha

Manual de

Segurança do trabalho e meio ambiente

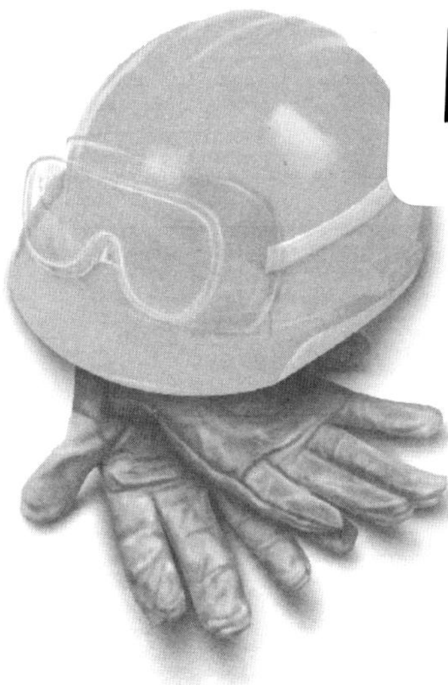

Santo Aparecido de Oliveira Rocha

Manual de
Segurança do trabalho e meio ambiente

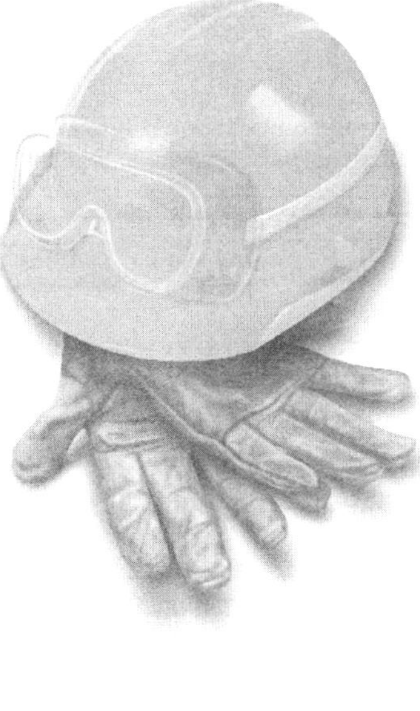

EDITORA CIÊNCIA MODERNA

Editor: Paulo André P. Marques
Produção Editorial: Dilene Sandes Pessanha
Capa: Daniel Jara
Diagramação: Janaina Salgueiro
Copidesque: Ana Cristina Andrade dos Santos

FICHA CATALOGRÁFICA

ROCHA, Santo Aparecido de Oliveira.

Manual de Segurança do Trabalho e Meio Ambiente

Rio de Janeiro: Editora Ciência Moderna Ltda., 2016.

1. Segurança do Trabalho
I — Título

ISBN: 978-85-399-0792-2 CDD 341.617

Editora Ciência Moderna Ltda.
R. Alice Figueiredo, 46 – Riachuelo
Rio de Janeiro, RJ – Brasil CEP: 20.950-150
Tel: (21) 2201-6662/ Fax: (21) 2201-6896
E-MAIL: LCM@LCM.COM.BR
WWW.LCM.COM.BR

08/16

Dedicatória

"Dedico esta conquista à minha esposa e companheira Arlete, que está sempre ao meu lado nas horas mais difíceis da minha vida. Deus sempre presente em minha vida, fortalecendo nos momentos mais difíceis."

Há tempos, eu tinha o desejo de publicar este manual de segurança e meio ambiente.

Apresentação

Este documento tem como objetivo planejar, organizar e programar o trabalho de conscientização e divulgação de informações de prevenção contra incidentes/acidentes por meio do diálogo de segurança e meio ambiente.

Os temas abordados foram catalogados, com base nas normas e leis de segurança vigentes no Pais e também nas ocorrências e necessidades internas relacionadas à segurança e saúde do trabalho – os assuntos possuem informações objetivas e sucintas que facilitam a explanação e o entendimento.

Observamos também que o diálogo de segurança e meio ambiente deve ser incrementado a partir dessa coletânea, em que os lideres, supervisores e coordenadores possam discorrer, repassando aos seus subordinados de maneira a difundir, antes do início da jornada de trabalho, a prática prevencionista de forma clara e simples. Os efeitos advindos dessa prática certamente serão imensuráveis.

Os assuntos são infindáveis. Aqueles aqui apresentados representam grande parte do nosso processo produtivo que achamos importantes. Porém, outros poderão ser desenvolvidos de modo a atender todas as questões que envolvem o dia a dia dos empregados.

O principal objetivo é conversar, integrar e deixar transparente a relação entre trabalho/segurança, em que todos terão acesso às informações e o reconhecimento dos riscos inerentes às suas atividades.

A presença de um profissional de segurança e saúde do trabalho, em condições solicitadas, poderá enriquecer e dirimir as dúvidas suscitadas no transcorrer dos trabalhos, estando disponíveis.

1. O que é?

É um programa destinado a criar, desenvolver e manter atitudes prevencionistas na empresa por meio da conscientização de todos os empregados.

2. Onde?

Tem como foco principal a realização de conversações de segurança nas áreas operacionais e administrativas, possibilitando uma melhor integração e o estabelecimento de um canal de comunicação ágil, transparente e sincero entre gestores e subordinados.

3. Quando?

No ambiente fabril, antes do início da jornada de trabalho, com duração de 10 minutos e com a leitura de temas aqui apresentados ou outros relativos à segurança, Medicina do Trabalho e meio ambiente.

4. Quem?

A responsabilidade na execução das conversações é a liderança imediata do empregado que será responsável

5. Como?

Em reuniões com o grupo de trabalho, escolhendo um dos temas e fazendo a leitura em alta voz, procurando ser objetivo na explanação.

Sumário

Instruções

O diálogo de segurança e meio ambiente deve ser aplicado à equipe operacional de forma periódica pelo líder, supervisor ou coordenador conforme a orientação da direção de cada empresa.

Há uma lista de presença, que deverá ser assinada por todos os participantes.

NÃO SE COLOCAR EM LOCAL OU POSIÇÃO DE PERIGO

Verificar antes de colocar as mãos ou partes do corpo em posição ou locais perigosos, tais como, área de prensamento, superfície quente, pontos de agarramento, pontos de corte, pontos de perfuração e outros riscos identificados.

Indicar situações de risco em sua máquina e/ou equipamento.

O supervisor deverá ser informado sobre qualquer problema ou dificuldade antes de continuar as atividades.

Limpeza

Durante a limpeza do piso, não se posicionar entre os materiais quando estiver ocorrendo manobras de veículos no local.

Também observar a movimentação de cargas suspensas na área.

No manuseio de qualquer material, observar a presença de rebarbas.

Sempre fazer uso dos EPIs recomendados para a tarefa executada.

Não erguer nem movimentar peças com pesos que possam comprometer sua integridade física.

As ferramentas de trabalho devem estar em perfeitas condições de uso.

Postura e cuidados preventivos

Verificar sempre o local de trabalho e planejar com antecedência a atividade a ser realizada.

Verificar todos os locais onde há risco de prensamento.

Não posicionar as mãos e partes do corpo em posição ou locais perigosos, tais como, área de prensamento, superfície quente, pontos de agarramento, pontos de corte, pontos de perfuração e outros riscos.

Não esquecer de inspecionar seu equipamento e ferramentas antes de utilizá-lo.

Dar uma volta no equipamento e verificar sua condição.

Testar os comandos e botões. Essa inspeção é muito importante para a eliminação do acidente e incidentes.

Indicar sempre as situações de risco em sua máquina e/ou equipamento. O supervisor deverá ser informado sobre qualquer problema ou dificuldade antes de continuar as atividades para que medidas preventivas e/ou corretivas sejam adotadas antes de iniciar as atividades.

Ferramentas manuais

As ferramentas devem ser apropriadas às tarefas a serem realizadas.

Inspecionar as ferramentas e dispositivos manuais diariamente antes do uso.

Verificar o desgaste e defeitos – caso estejam em mau estado, troque imediatamente.

Não improvisar ferramentas e dispositivos manuais.

Após o uso, não deixar jogada em qualquer local.

Lembre-se, as manutenções corretiva e preventiva devem ser realizadas por uma pessoa treinada e autorizada (Manutenção).

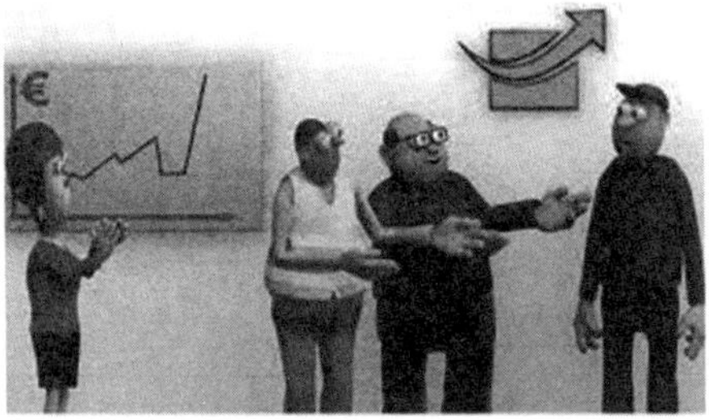

Comunicação do acidente do trabalho

Comunicar o acidente de trabalho imediatamente ao seu supervisor e procurar o ambulatório médico o mais rápido possível.

Acidente: independentemente da gravidade, mesmo que não apresente dor nem inchaço no momento.

O líder deverá ser informado de imediato sobre o acidente.

Todos os colaboradores devem seguir rigorosamente as normas e as determinações da empresa.

O não cumprimento das orientações acima descritas descaracterizará o acidente de trabalho, e isso se aplica a todas as empresas.

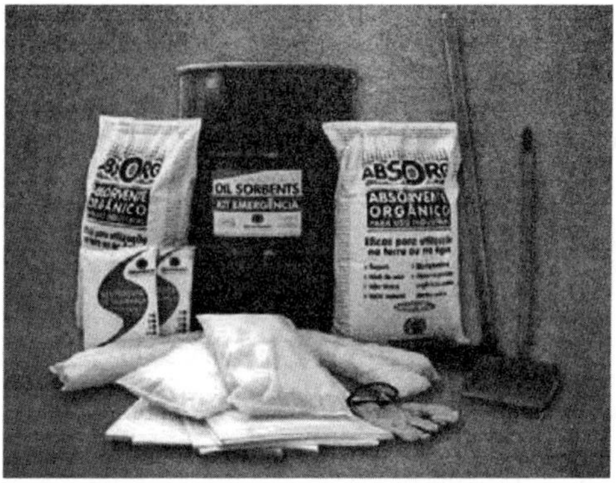

MEIO AMBIENTE – KIT DE EMEGÊNCIA

Os kits de emergência da empresa estão espalhados por diversas áreas da fábrica e é de responsabilidade de cada área manter os kits em ordem. Para evitar qualquer problema no momento de usar o kit, devemos:

Manter todos os EPIs em ordem;

Sempre que usar, repor a quantidade de areia ou cal;

O kit deve estar em local visível e de fácil acesso;

No caso de irregularidades nos kits, devemos imediatamente avisar a área responsável.

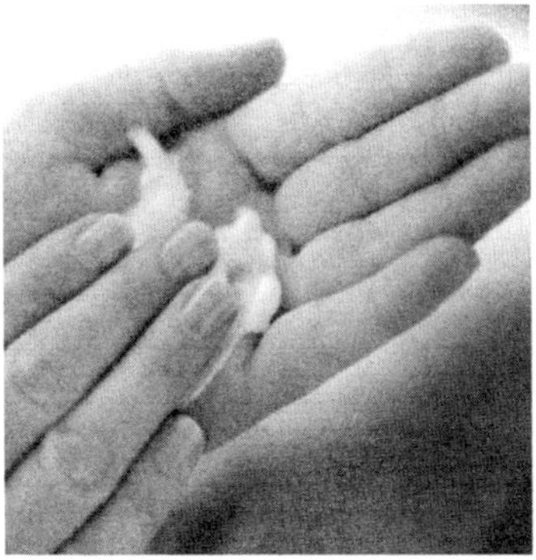

Creme protetor para as mãos

Lavar bem as mãos e secá-las com papel toalha.

Aplicar 1 grama por toda a mão.

Atingir as cutículas e as unhas.

Reaplicar todas as vezes que lavar as mãos.

O suor não interfere.

O creme pode ser usado em pequenos ferimentos.

Após o trabalho, lavar as mãos.

Nunca deixar faltar o produto e pedir de imediato à supervisão.

Manter as mãos seguras, saudáveis e bonitas.

Consequência do acidente

Vítima: Sofrimento físico, preocupação, possibilidade de sequelas.

Família: Sofrimento psicológico, preocupação com a queda na renda familiar.

DICAS DE SEGURANÇA:

Utilizar todos os EPIs requeridos nos procedimentos operacionais;

Conhecer e seguir os procedimentos de trabalho;

Não improvisar e usar ferramentas adequadas;

Preocupar-se em prevenir os acidentes.

As principais causas de acidentes

DISTRAÇÃO - Ter sempre a atenção voltada ao trabalho.

As pequenas distrações provocam grandes acidentes.

PRESSA - Como todos já sabem, a pressa é inimiga da perfeição e principalmente da segurança.

Nunca confundir eficiência com pressa.

EXCESSO DE CONFIANÇA - Nunca abusar da sorte.

O acidente não escolhe hora, lugar nem com quem acontecerá. Portanto, obedeça sempre às normas de segurança e esteja sempre atento.

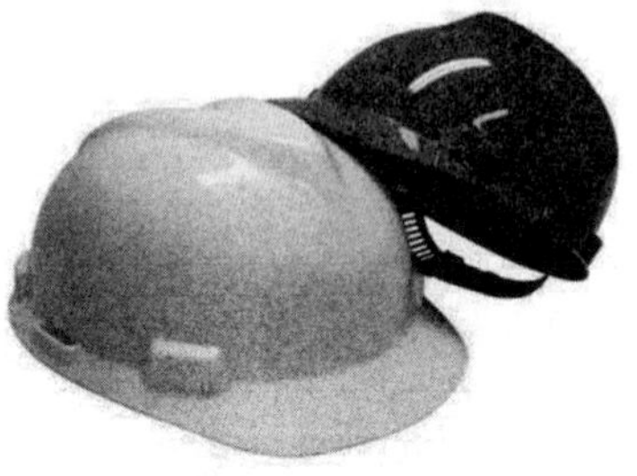

Uso de capacete

Seu uso é obrigatório em área fabril.

Manter a suspensão regulada ao diâmetro da cabeça.

Usar a jugular.

Conservar o capacete e peças componentes sempre limpas.

Lavá-lo periodicamente com água e sabão.

Não usar o capacete com furos, trincas ou defeitos na suspensão.

Não alterar o capacete, pintando ou riscando-o.

Lembramos que os trabalhos feitos sobre plataformas, caminhões e altura acima de 2 metros devem utilizar capacete com jugular.

ACIDENTE DE TRABALHO

Todo acidente deve ser comunicado à supervisão.

Procurar atendimento imediato na enfermaria.

Mesmo os pequenos ferimentos devem ser tratados.

Nunca tomar medicamentos por conta própria - procure um médico.

Se ocorrer de algum equipamento ou ferramenta estar provocando ferimento e/ou desconforto, avisar a supervisão e a segurança.

Lembre-se, o maior responsável pela sua segurança é você mesmo.

Programa de prevenção de riscos em prensas e similares

Item da NR 12 - O colaborador que trabalha em máquinas ou equipamentos deve estar bem conscientizado da importância das proteções.

Nenhuma proteção deve ser ajustada nem retirada de seu lugar, a não ser por motivo de manutenção e com autorização da supervisão e/ou segurança do trabalho.

Em caso de manutenção, antes de retirar as proteções, a máquina deve ser desligada somente pela manutenção elétrica na chave geral de alimentação.

Nenhuma máquina deverá ser acionada se as proteções não estiverem recolocadas.

QUASE ACIDENTES SÃO SINAIS DE ALERTA

Muitos acidentes quase acontecem... São aqueles que não provocam ferimentos apenas porque ninguém se encontra em uma posição de se machucar. Provavelmente, se tivéssemos conhecimento dos fatos, descobriríamos que existem muito mais acidentes que não causam ferimentos do que aqueles que causam;

No trabalho, um quase acidente deve servir como aviso.

A condição que quase causa um acidente pode facilmente provocar um acidente real da próxima vez em que você não estiver tão alerta ou quando seus reflexos não estiverem atuando tão bem.

Trânsito interno com caminhões

Manter o máximo de atenção ao transitar na fábrica, principalmente quando em manobras;.

Nunca dar carona nem permitir um colaborador no estribo do veículo.

Enlonar nos locais previamente definidos.

Manter a velocidade controlada.

Não transitar sobre a carga sem uso do cinto de segurança.

Evitar comunicações via rádio e outros quando estiver dirigindo.

Ações planejadas

Antes de iniciar qualquer trabalho em sua área de trabalho, lembre-se que sua segurança e das pessoas que estão nas proximidades vêm em primeiro lugar; Para refletir: "Quando fazemos a coisa certa, nos sentimos bem, não só por termos colaborado com o nosso bem-estar, mas também com o dos outros. A segurança é uma questão de educação".

Lembre-se: O acidente é um péssimo negócio para você, para sua família, para seus colegas de trabalho e também para a empresa. Portanto, não evitá-lo é ser incoerente. Não improvise ferramentas, escolha a apropriada ao serviço que irá executar.

Proteção das mãos

Dois dos instrumentos mais importantes com os quais trabalhamos são nossas mãos.

Provavelmente não poderíamos usar nenhum outro dispositivo capaz de substituir nossas mãos e ainda mantermos a precisão e a capacidade de manobra delas.

As proteções para as mãos não são nada de novo. Elas têm sido consideradas importantes há anos.

Apesar dos cuidados que tomamos, nossas mãos receberão pequenos ferimentos de tempos em tempos.

Uma boa coisa a ser lembrada é o fato de que suas mãos não sentem medo. Elas vão onde você mandar e se comportarão conforme seus donos mandarem.

Não improvise

Muitas vezes, o desejo de terminar o que estamos fazendo leva-nos a fazer improvisações, quando, então, deixamos de seguir os procedimentos seguros do trabalho.

Como consequência de uma improvisação, podemos ter um acidente com danos materiais e/ou pessoais.

Os procedimentos de trabalho são estabelecidos após cuidadosos estudos sobre a forma correta de realizar uma tarefa.

Portanto, não improvise. pense por que adotar esta atitude e suas consequências.

Se para realizar uma atividade temos que fazer improvisações, esta deve ser comunicada para eliminá-la do processo.

Utilização de máquinas operatrizes dos setores de manutenção

É proibida a utilização de máquinas operatrizes dos setores de Manutenção por colaboradores de outros setores. Exemplo: furadeira, lixadeira, esmeril, serra policorte, torno etc.

As operações com os equipamentos acima relacionados deverão ser efetuados pelos profissionais das áreas de manutenção. Exemplo: afiar ferramentas, cortar tubos, cortar mangueiras, usinar peças etc.

Para cada operação, existe um profissional habilitado e capacitado, e os serviços de manutenção cabem aos profissionais de manutenção.

Ao perceber qualquer situação de risco, comunique ao seu superior imediato.

Conversando com o supervisor

Comunicar sempre as dificuldades encontradas nas tarefas.

Sugerir propostas de melhorias.

Avaliação do relacionamento interpessoal.

Apresentação das ocorrências da semana.

Apresentação dos incidentes.

Equipamento de proteção individual

Fazer o uso dos EPIs de forma correta.

EPIs obrigatórios: óculos de segurança, capacete, protetor auricular e calçado de segurança, creme protetor para mãos/pele, luvas e outros, conforme os riscos da atividade.

Usar o bom senso e não descartar o EPI que estiver em condições de uso.

Obrigações do empregado quanto ao EPI:

Usar, utilizando-o apenas para a finalidade à qual se destina;

Responsabilizar-se pela guarda e conservação;

Comunicar ao empregador qualquer alteração que o torne impróprio para o uso;

Cumprir as determinações do empregador sobre o uso adequado.

Movimentação de cargas com a ponte rolante

Avaliar o peso e as demais condições da carga.

Conhecer a capacidade da ponte rolante e da carga a ser transportada.

Inspecionar os acessórios e dispositivos de içamento da carga antes do uso.

Ter atenção redobrada ao acionar qualquer movimento da ponte, estar atento e verificar os possíveis obstáculos no caminho.

Ao acionar qualquer movimento da ponte, verificar a trajetória da carga.

VANTAGENS DO TRABALHO EM EQUIPE

Trabalhar em equipe é trabalhar combinando as ações para que uma determinada atividade seja realizada sob todas as condições de segurança.

Fazer com que seu companheiro de serviço conheça seus atos na realização da atividade.

Estar concentrado no que estiver fazendo.

É de suma importância a comunicação, certificando-se de que todos entenderam as metas e os objetivos da equipe.

No trabalho em equipe, cada integrante deve fiscalizar as ações dos outros, sempre com foco na prevenção de acidentes e/ou incidentes.

A SEGURANÇA DEVE FAZER PARTE DO NOSSO DIA A DIA

A melhor forma de evitar que um acidente ocorra é estar sempre atento.

Antecipar as medidas de prevenção. Para isto, é necessário que todos pratiquem a segurança proativa.

Se você constatar a existência de um risco, procure eliminá-lo imediatamente ou adote alguma medida que possa minimizá-lo.

Informar a ocorrência de um quase acidente é uma boa medida para evitar acidentes futuros.

Ao observar atitudes inseguras por parte de um colega de trabalho, procure alertá-lo quanto às consequências.

MEIO AMBIENTE – DESCARTE CORRETO

Fazer sua parte e descartar os resíduos nos recipientes corretos:

- Recipiente azul: papel, papelão, cartolinas etc. Lembrando que o papel toalha utilizado nos banheiros aqui na empresa também é reciclável;

- Recipiente vermelho: plástico, embalagens plásticas, copos descartáveis, garrafas pet, telhas de plásticos etc.;

- Recipiente cinza (lixo comum): resto de comida, isopor, EPIs sem contaminação, pó de varrição etc.;

- Recipiente amarelo: fios de metal, tampas de metal, latas de metal, fitas de metal, broca, pregos etc.;

- Recipiente marrom: tambores contaminados com óleo ou borra, EPIs contaminados com óleo, borrachas contaminadas, mangueiras de óleo e outros.

Contamos com a colaboração de todos.

Segurança em operação de ponte rolante

O colaborador deve ser habilitado e treinado com conhecimentos técnico e funcional para seguir as orientações abaixo:

Utilizar todos os Equipamentos de Proteção Individual (EPIs);

Ser autorizado em tarefa especial para o operador da ponte rolante e talha elétrica;

Realizar inspeção visual e aplicar o check-list na ponte rolante e/ou talha no início da jornada de trabalho de cada turno;

Iniciar a operação somente após verificar a capacidade da ponte rolante e dos acessórios de elevação;

Manter-se atento durante todo o período da operação, não forçar correntes e/ou cabos presos ou dobrados.

Riscos do ar comprimido

Não se deve utilizar o ar comprimido para a limpeza de roupas, cabelos ou pele, pois um jato de ar suficientemente forte de uma mangueira poderá arrancar um olho de sua órbita, romper um tímpano ou causar hemorragia, como pode também penetrar por um corte ou escoriações na pele e insuflar a carne, causando dor intensa ou uma lesão mais grave.

Regras de segurança:

Utilizar os EPIs necessários, óculos de segurança, capacete e protetor auricular;

Verificar as condições de segurança do equipamento. Antes de abrir o registro de ar, verificar se o bico de engate da mangueira está instalado, pois assim evitará acidentes de grandes proporções;

Fica proibido o uso do ar comprimido para a limpeza do piso, bancadas e equipamentos;

Fica proibido utilizar o ar comprimido para a limpeza de roupas, cabelos ou pele;

Jamais permitir que o jato de ar sob pressão incida sobre seu corpo ou de seu companheiro.

Cuidados com os riscos da eletricidade

Somente trabalhadores capacitados, habilitados e autorizados formalmente pela empresa podem intervir em instalações elétricas. Ex.: abrir painéis elétricos e rearmar disjuntores.

É EXPRESSAMENTE proibida a guarda de objetos estranhos à instalação elétrica e também em suas proximidades.

Fica TERMINANTEMENTE proibido abrir painéis elétricos com o objetivo de guardar objetos em seu interior. Risco de acidentes de natureza grave.

FICA proibida a utilização, como passagem, dos espaços de trabalho situados nas proximidades das partes elétricas expostas.

Ferramentas manuais

As ferramentas devem ser apropriadas às tarefas a serem realizadas.

Inspecionar as ferramentas e dispositivos manuais diariamente antes do uso.

Verificar o desgaste e defeitos – caso estejam em mau estado, troque imediatamente.

Não improvise ferramentas e dispositivos manuais.

Após o uso não deixar jogada em qualquer local.

Lembre-se, as manutenções corretiva e preventiva devem ser realizadas por uma pessoa treinada e autorizada (Manutenção).

Comportamento seguro

A empresa investe continuamente na segurança de seus colaboradores.

Os equipamentos de proteção individual, promoção de cursos, treinamentos e eventos são alguns bons exemplos do cuidado para a manutenção da integridade física de cada profissional dentro da organização.

Porém, esses investimentos representam apenas uma pequena parcela na busca constante pela segurança no trabalho. A maior contribuição deve vir sempre do trabalhador. Isso mesmo, cada um de nós somos responsáveis diretos por nossa segurança. Isso é um fato que não há como delegar a outras pessoas, é o chamado "comportamento seguro".

Estar atento e adotar postura preventiva é um bom começo, mas devemos ir muito além.

O comportamento seguro deve estar presente não somente na empresa, mas também em seu dia a dia, nas atitudes cotidianas. Pense nisso e não deixe de fazer a sua parte!

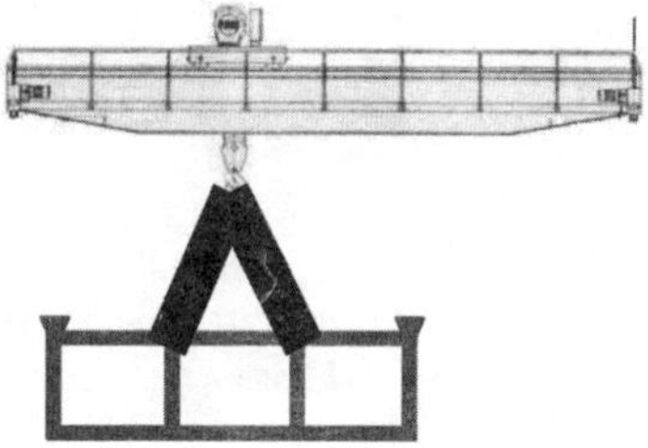

MOVIMENTAÇÃO AÉREA DE CAIXAS VAZIAS DE MATERIAIS COM A UTILIZAÇÃO DE CINTAS DE IÇAMENTO E PONTE ROLANTE.

É OBRIGATÓRIA A UTILIZAÇÃO DE DUAS CINTAS PARA O IÇAMENTO DE CAIXAS METÁLICAS VAZIAS PARA GARANTIR O CENTRO DE CARGA E A ESTABILIDADE DA CAIXA IÇADA POR MEIO DE UMA PONTE ROLANTE.

É PROIBIDA A UTILIZAÇÃO DE UMA ÚNICA CINTA PARA O IÇAMENTO DE CAIXAS METALICAS DE MATERIAIS POR MEIO DE UMA PONTE ROLANTE.

Placas de sinalização

A sinalização é um fator de fundamental importância em todos os meios de comunicação, portanto, é importante a adoção de sinais e indicações de alerta.

Toda vez que você perceber a presença dessas placas:

A máquina ou o equipamento não pode ser ligado;

Procurar o pessoal responsável pela manutenção em caso de dúvidas;

Certificar-se, após a retirada da placa, se não há ninguém trabalhando no local e se a máquina oferece condições seguras de operação;

Colocar a placa em um local visível, em chaves ou painéis de acionamento;

Utilizar, se necessário, sinalização adicional e outros dispositivos de segurança;

A placa só pode ser retirada após o término completo do serviço.

Um lugar apropriado para cada coisa e cada coisa no seu devido lugar

Todos os empregados podem ajudar no esforço de arrumação fazendo o seguinte: manter pisos, corredores e áreas de trabalho razoavelmente livre dos itens desnecessários, delimitando os locais com faixas, inclusive corredores.

Confinar os resíduos em locais apropriados.

Guardar todos os equipamentos de proteção individual em locais adequados.

Nada indica mais uma área desorganizada, desarrumada e suja do que copos de papel, restos de lanches espalhados pelo chão, sobre a mesa, em bancadas de trabalho, em passarelas e assim por diante.

Motivação no trabalho

O mundo é como um espelho que devolve a cada pessoa o reflexo de seus próprios pensamentos e seus atos. A maneira como você encara a vida é que faz toda a diferença. A vida muda quando "você muda".

Não importa onde você parou, em que momento da vida você cansou, o que importa é que sempre é possível e necessário "Recomeçar". Recomeçar é dar uma nova chance a si mesmo. É renovar as esperanças na vida e o mais importante, acreditar em você de novo.

O BOM HUMOR FAZ BEM PARA A SAÚDE

"Procure ver o lado bom das coisas ruins." Essa frase poderia estar em qualquer livro de autoajuda ou parecer um conselho bobo de um mestre de artes marciais saído de algum filme ruim. Mas, segundo os especialistas que estudam o humor a sério, trata-se do maior segredo para viver bem. Não é difícil encontrar exemplos que comprovam que eles têm razão. Como palmeirense, é possível manter o alto-astral depois que seu time perdeu a final da Taça Libertadores da América? Fácil. É só lembrar que o Palmeiras eliminou o arquirrival Corinthians nas semifinais da competição. Inversamente, a mesma situação pode servir para manter o bom humor do corintiano. Afinal, embora seu time tenha sido eliminado, o Palmeiras acabou morrendo na praia. Não se trata de ver o mundo com os olhos róseos de Pollyanna. Esse tipo de flexibilidade para encarar os acontecimentos ruins não garante apenas algumas risadas, pode fazer bem à saúde.

FISPQ

A FISPQ é um instrumento de comunicação dos perigos e possíveis riscos levando em consideração o uso previsto dos produtos químicos; o documento não leva em conta todas as situações que possam ocorrer em um ambiente de trabalho, constituindo apenas parte da informação necessária para a elaboração de um programa de saúde, segurança e meio ambiente.

MSDS/SDS (Material Safety Data Sheet/ Safety Data Sheet) são as siglas mundialmente conhecidas referentes a este documento, o qual é apresentado por diversos modelos pertinente a cada país.

PRODUTOS QUÍMICOS - FISPQ:

1. Todos os produtos químicos devem ter identificação no recipiente;

2. Para usar os produtos químicos devemos passar creme protetor para pele/ mãos e luvas impermeaveis e uso do óculos de proteção;

3. Após o uso do recipiente, colocá-lo em área de contenção.

Planilha de identificação de perigo, danos e avaliação de riscos: SSO

As planilhas de identificação de perigos e danos têm como objetivo informar os riscos existentes em suas atividades e a forma de controle existente para cada perigo. Exemplo: ruído, forma de controle e protetor auricular.

As planilhas se encontram em cada máquina/equipamento. Verifique-as, pois as informações são ferramentas para prevenir acidentes.

TRÂNSITO EXTERNO: REGRAS DE SEGURANÇA EM VIAS PÚBLICAS

Ao transitar em vias públicas, ter o máximo de atenção com o tráfego à sua volta.

Dar preferência ao pedestre.

Respeitar as leis e as sinalizações de trânsito.

Não trafegar no acostamento em rodovias.

Procurar sempre transitar pela faixa da direita.

Verificar se o espaço a ser acessado no trânsito é compatível com o veículo utilizado.

Não discutir com pessoas no trânsito.

ATRIBUIÇÕES DA BRIGADA DE INCÊNDIO

Ações de prevenção:

a. análise dos riscos existentes durante as reuniões da brigada de incêndio;

b. notificação ao setor competente da empresa ou da edificação das eventuais irregularidades encontradas no tocante a prevenção e proteção contra incêndios;

c. orientação à população fixa e flutuante;

d. participação nos exercícios simulados;

e. conhecer o plano de emergência da edificação.

Ações de emergência:

a. identificação da situação;

b. alarme/abandono de área;

c. acionamento do Corpo de Bombeiros e/ou ajuda externa;

d. corte de energia;

e. primeiros socorros;

f. combate ao princípio de incêndio;

g. recepção e orientação ao Corpo de Bombeiros.

Para onde estou indo?

Gosto muito de uma frase que diz: "Para quem não sabe para onde quer ir, qualquer lugar está bom". Temos que pensar o que queremos? Precisamos criar metas para nossa vida pessoal e profissional, uma vez que ela existe e que necessitaremos traçar ações para conseguir alcançar nossos objetivos. Isso nos tira da zona de conforto e quando vamos para a zona de aprendizado, crescemos como indivíduos tanto em nosso lado técnico como no campo comportamental, pessoal ou profissional.

Check-list da ponte rolante e talha

Informamos que o check-list da ponte rolante e talha deve ser realizado todo início de turno pelo primeiro usuário. Os outros usuários do turno devem verificar as condições dos equipamentos e acessórios, e caso encontrem irregularidades, comunicar à liderança imediatamente.

Cintas de poliester:

Inspecionar as cintas antes do uso;

Colocar a cinta em uma superfície plana para facilitar a inspeção;

Não exceder as especificações técnicas e recomendações do fabricante nas limitações de peso e estabilidade;

Não usar cintas avariadas ou danificadas;

Não posicionar a cinta em cantos vivos ou cortantes;

Não exceder a capacidade estabelecida para cada tipo de cinta;

Toda cinta apresentando desgaste e avariada deverá ser inutilizada e eliminada do setor.

Corredor de circulação interno de pedestres em ruas

Os corredores de circulação de pedestres nas áreas da fábrica é para garantir o acesso dos colaboradores aos setores de forma segura.

Devido à constante circulação de veículos (tratores, caminhões, carretas, empilhadeira etc.), o corredor de pedestres é a melhor forma de garantir a segurança nas áreas da fabrica.

É uma forma também de ordenar o trafego interno de veículos e o estacionamento, evitando que caminhões e outros veículos dificultem a passagem dos colaboradores.

Levantamento de peso

Levantar o peso de maneira correta. Manter as costas eretas, firmar os músculos abdominais e fazer com que suas pernas recebam a maior parte do peso a ser erguido. Lembre-se que o homem não é guindaste.

Pedir sempre auxilio nos transportes e manuseios pesados. Suas mãos não são alavancas.

É importante transportar materiais compridos sempre no mesmo ombro para evitar descompasso.

Ao transportar materiais de grande extensão, cuidado para não atingir outros empregados que se deslocam em sentido contrário.

Cuidado ao manusear peças com rebarbas; use sempre luvas nos transportes e manuseio desse tipo de peças.

Dicas:

Ao levantar um volume, agachar-se o mais perto possível do mesmo.

Evitar os pontos que podem causar lesões (esmagamento ou corte).

Manter a espinha (coluna vertebral) reta e na vertical.

Os braços devem estar o mais próximo possível do corpo.

Respirar fundo e segurar o ar nos pulmões durante o levantamento.

Levantar o volume pouco a pouco, esticando as pernas.

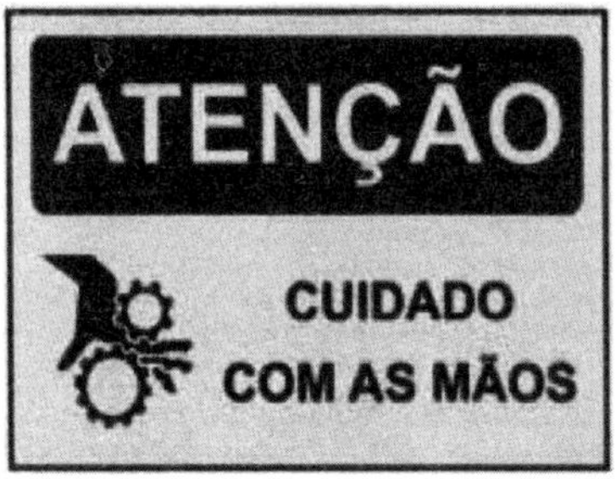

PRÁTICAS PARA A PROTEÇÃO DAS MÃOS

Não operar nenhuma máquina sem conhecê-la bem.

Verificar se a máquina usa alguma proteção. Às vezes, a proteção é retirada e não é colocada novamente no lugar. Providenciar a recolocação o mais rápido possível.

As chaves machucam, principalmente os dedos, quando usadas de forma incorreta.

Usar a ferramenta adequada.

Ao manipular materiais, identificar se é agressivo e fazer uso de luvas adequadas.

Manter as mãos afastadas dos pontos de agarramento (polias, roldanas, materiais em processos).

Nunca manusear um objeto cortante em direção ao próprio corpo.

Meio ambiente – aspectos e impactos ambientais

Aspecto Ambiental - Elemento das atividades, produtos ou serviços da empresa que podem interagir com o meio ambiente.

Exemplo: vazamento de óleo, consumo de água, consumo de energia elétrica etc.

Impacto Ambiental - Qualquer alteração no meio ambiente, adversa ou benéfica, que resulte, no todo ou em parte das atividades, em produtos ou serviços da empresa.

Exemplo: contaminação do solo, água e ar, redução de recursos naturais etc.

O PERIGO DA ROTINA

Um trabalhador veterano, com muitos anos de experiência tem uma habilidade especial para atender situações rápidas e pode descobrir situações de perigo de acidentes, onde trabalhadores com menos experiência não as poderiam descobrir. Da mesma forma, um trabalhador novo que, todavia, não conhece suficientemente os problemas ocultos que existem em nosso departamento pode descobrir, às vezes, perigos que estão à vista e que podem passar despercebidos para um trabalhador veterano. Às vezes, uma pessoa que está trabalhando em uma situação perigosa, por costume, não consegue ver a forma mais segura de realizar seu trabalho. Aqui, a participação e as ideias de todos nós podem ser benéficas. É certo que se prestarmos um pouco de atenção, poderemos encontrar muitas dessas situações perigosas. Espero que de agora em diante todos façam um esforço especial para quebrar a rotina com a qual realizamos nossas tarefas.

Isolamento de Área

Deve ser efetuado em todos os trabalhos envolvendo risco de quedas de pessoas e objetos.

Nos serviços de manutenção, devemos ter uma atenção especial para que os equipamentos e máquinas retirados de seus locais não apresentem buracos.

O isolamento pode ser feito por qualquer pessoa, independentemente do cargo que ocupa.

Observar sempre que, nos trabalhos realizados em altura, o piso também deve ser sinalizado.

O isolamento com fitas, pedestais, correntes e outros não serve como anteparo para evitar a queda de pessoas e sim, a sinalização do local.

Lembre-se sempre que após a regularização do local. não havendo mais riscos. a sinalização deverá ser retirada.

LEMBRE-SE QUE NO ISOLAMENTO DE LOCAIS COM TELAS, NUNCA PERMITIR QUE PONTAS DE FERRO FIQUEM EXPOSTAS.

OHSAS-18001

OHSAS-18001 consiste em um Sistema de Gestão, assim como a ISO 9000 e a ISO 14000, porém com o foco voltado para a saúde e a segurança ocupacional.

Em outras palavras, a OHSAS-18001 é uma ferramenta que permite a uma empresa atingir e sistematicamente controlar e melhorar o nível do desempenho da saúde e segurança do trabalho por ela mesma estabelecido.

Assim como os Sistemas de Gerenciamento Ambiental e de Qualidade, o Sistema de Gestão de Segurança e Saúde Ocupacional também possui objetivos, indicadores, metas e planos de ação.

Curiosidade excessiva

A curiosidade é uma característica natural do ser humano e é na infância que essa característica se manifesta de maneira mais acentuada. Toda criança nos seus primeiros anos de vida é excessivamente curiosa. Quer conhecer o mundo, dominar sua linguagem e o significado das coisas. Ela pergunta, observa e toca em tudo. Isto representa o desenvolvimento normal e é fonte de aquisição de conhecimento de seu processo de crescimento. E nesse processo, ela necessita ser bem orientada.

A curiosidade continua no adulto, faz parte de sua busca constante de conhecimento, embora de forma diferente da criança, é também fator de crescimento e progresso.

A curiosidade do questionamento na busca do saber é saudável, no entanto, a curiosidade que leva a uma ação inconsequente e despreparada pode ser um fator potencial de acidentes.

Permanecer em áreas agressivas sem a necessidade de serviços, operar um equipamento sem conhecimento, manipular produtos sem o conhecimento de suas propriedades químicas e físicas etc. são exemplos de curiosidade crítica e que podem terminar mal.

Em um ambiente industrial, cada ação a ser desenvolvida deve ser analisada e pensada, e o empregado deve ter pleno conhecimento do que fazer e como fazer.

A POSTURA COMPORTAMENTAL É UM FATOR BÁSICO NA SEGURANÇA INDUSTRIAL

Um funcionário bem adaptado à empresa, no seu posto de trabalho, se convencerá e participará dos objetivos da empresa.

Estando adaptado e satisfeito com o ambiente interno da empresa, participará das tradições, costumes, regulamentos e normas. Portanto, será mais receptivo ao atendimento e às diretrizes dos programas de segurança do trabalho.

Consequentemente, devido a uma melhor postura, este estará mais seguro em relação à sua convivência no ambiente e terá uma postura positiva em relação à segurança, assim, terá condições psicológicas favoráveis para valorizar sua vida e a de seus colegas.

É de responsabilidade de todos haver um clima mais adequado no ambiente de trabalho contribuindo para a postura comportamental, independentemente da posição hierárquica.

Ônibus fretado

Para sua segurança e bom comportamento no veículo, devemos:

Conversar o mínimo possível com o motorista para evitar a distração do mesmo;

Nunca viajar em pé;

Não viajar nos degraus;

Não colocar os pés sobre os bancos;

Evitar brincadeiras e gritarias;

Não jogar papéis e outros para fora do veículo;

Não colocar a cabeça ou qualquer parte do corpo para fora do veículo durante a viagem;

Não fumar;

Não fazer brincadeiras desrespeitando pedestres e motoristas.

Como evitar quedas

Usar sapatos fechados e evite solas lisas.

Colocar tapetes de borracha no banheiro. Para o idoso, melhor será usar um pegador (barra de segurança) ou um banco no boxe.

Esperar o ônibus parar completamente, para subir ou descer.

Sugestão: Para percorrer pequenos trajetos, prefira caminhar. Isso lhe fará muito bem. Acredite!

Evitar móveis e objetos pelo meio da casa.

Não encerar a casa.

Fixar bem os tapetes para que eles não escorreguem.

Iluminar bem sua casa. Ao dormir, deixar acesa a luz do corredor para auxiliar na visão.

Ao subir ou descer escadas, segurar bem no corrimão.

Quando se levantar da cama, ficar algum tempo sentado antes de ficar de pé.

VINTE DICAS PARA O SUCESSO PESSOAL E PROFISSIONAL

Aqui vão "20 Dicas" que me enviaram há muitos anos para que você atinja o sucesso que tanto merece. Leia todas elas com muita atenção:

Elogie três pessoas por dia.

Tenha um aperto de mão firme.

Olhe as pessoas nos olhos.

Gaste menos do que ganha;.

Saiba perdoar a si e aos outros.

Trate os outros como gostaria de ser tratado.

Faça novos amigos.

Saiba guardar segredos.

Não adie uma alegria.

Surpreenda aqueles que você ama com presentes inesperados.

Sorria.

Aceite sempre uma mão estendida;.

Pague suas contas em dia.

Não reze para pedir coisas. Reze para agradecer e pedir sabedoria e coragem.

Dê às pessoas uma segunda chance.

Não tome nenhuma decisão quando estiver cansado ou nervoso.

Respeite todas as coisas vivas, especialmente as indefesas.

Dê o melhor de si no seu trabalho.

Seja humilde, principalmente nas vitórias.

Jamais prive uma pessoa de esperança. Pode ser que ela só tenha isso.

ROUPAS FOLGADAS, BLUSAS DE FRIO E ADORNOS PESSOAIS

As roupas folgadas, blusas de frio, anéis, joias, correntinhas, pulseiras, pendentes e relógios são extremamente perigosos para quem trabalha em máquinas, podendo enroscar em qualquer saliência e com isso, levá-lo a movimentos bruscos ou ser arrastado contra os cilindros/peças em movimento.

Outras causas que podem acarretar o mesmo tipo de acidente são os panos para limpeza, ferramentas e outros materiais, que são colocados nos bolsos e cintura;

Os operadores de máquinas não devem usar mangas longas e folgadas nos punhos, como também sobras da camisa ou blusa na cintura. Mantenha a camisa abotoada evitando que as pontas enrosquem.

Seja consciente, pratique segurança e respeite o risco.

Condições inseguras

Não conviva com condições inadequadas de trabalho, busque sempre uma solução!

Todos nós, todos os dias somos responsáveis pela melhora contínua de nossa qualidade de vida no trabalho.

Para conseguirmos um bom ambiente de trabalho, é necessário adotarmos ações que permitam a antecipação aos riscos das nossas tarefas.

A antecipação aos riscos não é nada complexa, basta enxergarmos uma melhor forma de fazer o nosso trabalho, identificando aqueles fatores que podem contribuir para um incidente, uma lesão ou uma contaminação ambiental.

Todo trabalhador ou subcontratado deve comunicar as condições inseguras identificadas em seu local de trabalho. Quando a pessoa Identificar alguma anormalidade que possa gerar qualquer perda, deve procurar imediatamente solucionar e/ou minimizar essa irregularidade, avisando seu superior imediato ou o pessoal da segurança.

"Lembre-se, nós somos os principais responsáveis pelo nosso ambiente de trabalho, por isso, procure melhorá-lo sempre."

Transportes

O supervisor fica proibido de dirigir veículos industriais na fábrica. Ex.: trator, empilhadeira, caminhão, guincho e plataforma elevatória.

Caso haja necessidade, fica proibido dirigir o referido veículo e atender o celular e/ou Nextel ao mesmo tempo. Se o celular ou o Nextel tocou, pare o veículo para atender a ligação.

Fica terminantemente proibido dirigir veículos industriais e falar ao celular ou Nextel simultaneamente.

O não cumprimento das orientações contidas no diálogo de segurança acarretará sanções administrativas aos infratores.

Meio ambiente – desperdício de água

JÁ PENSOU NISSO?

Escovar os dentes com a torneira aberta = 80 litros

Lavar a louça com a torneira aberta = 100litros

Lavar o carro com mangueira por meia hora = 560 litros

Banhos longos = 95 a 180 litros

Torneira pingando por 24 horas = 50 litros e por mês = 1.500 litros

Tenha todos esses números em mente quando for tomar banho, escovar os dentes ou fizer aquela faxina em casa! Um litro de água que você economizar fará uma diferença significativa?

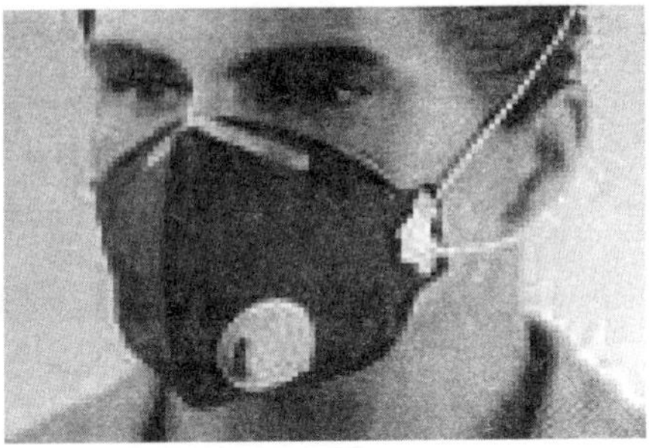

MÁSCARAS DESCARTÁVEIS

Ao posicionar a máscara no rosto, ajustar corretamente o equipamento para evitar a passagem de partículas.

Considerar na troca o excesso de impregnação, hastes quebradas e o excesso de umidade provocada pelo suor do rosto do usuário para não haver tempo de uso exagerado ou desperdício ao substituir o EPI em bom estado.

Quando não estiver utilizando, guarde em sua própria embalagem.

Manusear o respirador com as mãos limpas, principalmente na parte interna.

Não manusear a parte interna com as mãos sujas, pois há risco de contaminação e inalação de agentes agressivos.

Colaborar com a limpeza evitando jogar o equipamento no piso e/ou sob as plataformas.

Movimentação do contêiner de ácido sulfúrico com ponte rolante

O operador de ponte rolante deve observar atentamente as condições de segurança da ponte rolante, estrutura de ferro do contêiner (pontos de içamento), cabo de aço e do próprio contêiner.

Observar atentamente o percurso para evitar colisão e na possibilidade, movimentar o contêiner rente ao piso.

Não permitir pessoas próximas à área de movimentação

Agir com determinação e firmeza.

OPERADORES - Afastar-se da área de movimentação do contêiner

Respeitar a orientação do PONTEIRO.

O ÁCIDO SULFÚRICO É PERIGOSO E PODE PROVOCAR ÓBITO.

ISO 14001

É um conjunto de normas que definem parâmetros e diretrizes para a gestão ambiental para as empresas (privadas e públicas).

Essas normas foram criadas para diminuir o impacto provocado pelas empresas no meio ambiente.

Muitas empresas utilizam recursos naturais, geram poluição ou causam danos ambientais com seus processos de produção.

Seguindo as normas do ISO 14000, essas empresas podem reduzir significativamente os danos ao meio ambiente.

Glossário da Segurança do Trabalho

ACT - Autoridade para as Condições de Trabalho

ASAE - Autoridade de Segurança Alimentar e Económica

Acidente de Trabalho

É o resultado de uma combinação de fatores entre os quais se destacam as falhas humanas e as falhas materiais.

A maior parte dos acidentes de trabalho ocorre porque os trabalhadores não estão informados sobre os riscos que advêm do seu posto de trabalho/tarefas que executam.

A legislação define acidente de trabalho como "o que ocorre pelo exercício do trabalho a serviço da empresa, provocando lesão corporal ou perturbação funcional que cause a morte, a perda ou a redução da capacidade para o trabalho, permanente ou temporária..."

Avaliação do Risco

Processo de identificar, estimar (quantitativa ou qualitativamente) e valorar o risco para a saúde e segurança dos trabalhadores. Este processo visa obter a informação necessária à tomada de decisão relativa às ações preventivas a adoptar.

Comissão de Segurança e Saúde

Comissão integrada pelos representantes dos trabalhadores para as questões de segurança e saúde e por representantes dos empregadores que foi estabelecida e desempenha suas funções no nível da organização, em conformidade com a legislação e as práticas nacionais.

Dano

Lesão corporal, perturbação funcional ou doença que determine redução na capacidade de trabalho ou de ganho ou a morte do trabalhador resultante, direta ou indiretamente, de acidente de trabalho.

DGERT - Direção Geral do Emprego e das Relações de Trabalho

Doença Profissional

Doença em que se prova a relação de causa-efeito entre a exposição a fatores de risco existentes no local de trabalho e seu efeito nocivo na saúde do trabalhador, constando do diploma legal da Lista de Doenças Profissionais.

Equipamento de Proteção Individual (EPI)

Todo o equipamento, bem como qualquer complemento ou acessório, destinado a ser utilizado pelo trabalhador para se proteger dos riscos, para sua segurança e saúde.

Ergonomia

Ciência que estuda e projeta os postos e os lugares de trabalho de modo a adaptar o trabalho ao homem, permitindo a conjugação da melhoria do nível de saúde, segurança, conforto e produtividade.

Formação

Ensino não vocacionado exclusivo ou principalmente para a posição atual ou futura do trabalhador na empresa beneficiária, conferindo qualificações em grande medida transferíveis para outras empresas ou para outros domínios de atividade profissional, reforçando consideravelmente a empregabilidade do trabalhador.

Incidente

Ocorrência instantânea e não desejada que, ao contrário do acidente de trabalho, não provoca lesões nem danos além dos resultantes da alteração normal da atividade.

Índice de Frequência

Número de acidentes de trabalho por milhão de horas trabalhadas.

Índice de Gravidade

Número de dias de trabalho perdidos devido a acidentes de trabalho por 1.000 horas trabalhadas.

Local de Trabalho

Todo lugar em que o trabalhador se encontra, onde ou para onde deve dirigir-se em virtude do seu trabalho, e em que esteja, direta ou indiretamente, sujeito ao controle do empregador.

Medicina do Trabalho

Especialidade médica cujo objetivo é prevenir riscos para a saúde do trabalhador, vigiando e controlando diretamente seu estado de saúde.

Medidas de Prevenção de Riscos

Conjunto de ações de ordem construtiva, técnica ou organizacional que tem como objetivo evitar ou minimizar os riscos profissionais, ou seja, proteger os trabalhadores em sua integridade física e moral. Como medidas de prevenção mais vulgarmente utilizadas destacam-se a sinalização de segurança e os equipamentos de proteção coletiva e individual, bem como as ações de formação e sensibilização dos trabalhadores.

Medicina Curativa

Prestação de cuidados abrangentes e continuados, estabelecendo planos de ação com os usuários, com vista à manutenção de suas aptidões, equilíbrio e valores.

Médico do Trabalho

Médico que avalia a capacidade do candidato para determinado trabalho e realiza reavaliações periódicas de sua saúde dando relevância aos riscos ocupacionais aos quais o trabalhador fica exposto.

Perigo

Situação que excede o limite do risco aceitável. Propriedade intrínseca de um objeto ou organismo capaz de produzir danos ou lesões.

Prevenção

A ação de evitar ou diminuir os riscos profissionais por meio de um conjunto de disposições ou medidas que devam ser tomadas no licenciamento e em todas as fases de atividade da empresa, do estabelecimento ou do serviço.

Proteção Coletiva

Conjunto de equipamentos e medidas que tem por finalidade evitar acidentes de trabalho ou doenças profissionais, protegendo não um trabalhador específico, mas um conjunto ou a totalidade dos trabalhadores da instalação. Dentro dessas proteções, consideram-se as normas de segurança e a sinalização.

Proteção Individual

Técnica de proteção relativa a um ou mais riscos, em que se aplica ao trabalhador a respectiva proteção.

Risco

Combinação da probabilidade (P) da ocorrência de um fenómeno perigoso com a gravidade (G) das lesões ou danos para a saúde que tal fenómeno possa causar.

Risco Profissional

Probabilidade de algo afetar negativamente a saúde dos trabalhadores.

Riscos Psicossociais

Riscos que decorrem da evolução socioeconómica e das transformações do mundo do trabalho. Os riscos psicossociais englobam o stress, depressão e ansiedade, assédio moral, intimidação e violência. Põem em risco o bem-estar no trabalho em suas dimensões física, moral e social.

Saúde do Trabalho

Abordagem que integra, além da vigilância médica, o controle dos elementos físicos e mentais que possam afetar a saúde dos trabalhadores, representando uma considerável evolução face às metodologias tradicionais da Medicina do Trabalho.

Segurança Alimentar

Garantia de que os alimentos não provocarão danos ao consumidor quando preparados ou ingeridos de acordo com sua utilização prevista.

Segurança e Higiene do Trabalho

É uma área que tem como objetivo identificar, avaliar e controlar as situações/fatores de risco, proporcionando um ambiente de trabalho mais seguro e saudável para as pessoas, ou seja, por meio da avaliação e controle, garante condições de trabalho capazes de manter um nível de saúde dos colaboradores e trabalhadores de uma empresa, nomeadamente na prevenção da doença relacionada com o trabalho e na prevenção do acidente de trabalho.

Segundo a OMS (Organização Mundial de Saúde), a verificação das condições de higiene e segurança consiste "em um estado de bem-estar físico, mental e social, e não somente a ausência de doença e enfermidade".

Sistema de HACCP

Sistema que controla, por meio de pontos críticos de controle, os perigos que são relevantes para a segurança alimentar.

Técnico de Segurança do Trabalho

Profissional com formação para exercer suas funções, nomeadamente, as de informar o empregador e os trabalhadores sobre os riscos presentes no ambiente de trabalho e a promoção de campanhas e outros eventos de divulgação das regras e normas de segurança e saúde do trabalho, além do estudo de dados estatísticos sobre acidentes de trabalho e doenças profissionais.

Glossário do Meio Ambiente

Área de Proteção Ambiental (APA) - área geralmente extensa, com certo grau de ocupação humana, dotada de atributos abióticos, bióticos, estéticos ou culturais especialmente importantes para a qualidade de vida e o bem-estar das populações humanas, e tem como objetivos básicos proteger a diversidade biológica, disciplinar o processo de ocupação e assegurar a sustentabilidade do uso dos recursos naturais. É constituída por terras públicas ou privadas.

Área de Relevante Interesse Ecológico (ARIE) - é uma área em geral de pequena extensão, com pouca ou nenhuma ocupação humana, com características naturais extraordinárias ou que abriga exemplares raros da biota regional, e tem como objetivo manter os ecossistemas naturais de importância regional ou local e regular o uso admissível dessas áreas, de modo a compatibilizá-lo com os objetivos de conservação da natureza. É constituída por terras públicas ou privadas.

Áreas Protegidas - são áreas de terra e/ou mar especialmente dedicadas à proteção e à manutenção da diversidade biológica, e de seus recursos naturais e culturais associados, manejadas por meio de instrumentos legais ou outros meios efetivos.

Atividades Recreativas: são as atividades praticadas durante o tempo disponível para o lazer. Nas Unidades de Conservação, as atividades recreativas permitidas com maior frequência são: boia-cross (acquaraid), cachoeirismo (cascading)/cannyoning, canoagem (canoeing/cayaking), rafting, pesca amadora/esportiva, mergulho livre e autônomo (diving).

Bioma - palavra derivada do grego biovida e oma - sufixo que pressupõe generalização (grupo, conjunto). Deve ser entendida como a unidade biótica de maior extensão geográfica, compreendendo várias comunidades em diferentes estágios de evolução, porém denominada de acordo com o tipo de vegetação dominante;

Mapa de Biomas do Brasil (IBGE 2004) - o conceito leva ao entendimento de que o bioma: 1- constitui um conjunto de tipos de vegetação, identificável em escala regional, com suas flora e fauna associadas; 2- definido pelas condições físicas predominantes, seja climáticas, litológicas, geomorfológicas, seja pedológicas, assim como uma história de evolução comparativa; 3- dotado de uma diversidade biológica singular.

Cadastro Nacional de Unidades de Conservação - é um banco de dados com as principais informações sobre as Unidades de Conservação geridas pelos três níveis de Governo (federal, estadual, municipal) e pelo setor privado. O artigo 50 da lei n° 9.985/2000 estabelece que o Ministério do Meio Ambiente organizará e manterá o Cadastro Nacional de Unidades de Conservação com a colaboração do IBAMA e dos órgãos estaduais e municipais competentes.

Conservação da Natureza - o manejo do uso humano da natureza compreendendo a preservação, manutenção, utilização sustentável, restauração e recuperação dos ambientes naturais para que possam produzir benefício, em bases sustentáveis, para as atuais gerações, mantendo seu potencial de atender as necessidades e as aspirações das gerações futuras, e garantindo a sobrevivência dos seres vivos em geral.

Conservação in Situ - conservação de ecossistemas e habitats naturais, e a manutenção e recuperação de populações viáveis de espécies em seus meios naturais e, no caso de espécies domesticadas ou cultivadas, nos meios onde tenham desenvolvido suas propriedades características.

Corredores Ecológicos - porções de ecossistemas naturais ou seminaturais ligando unidades de conservação que possibilitam entre elas o fluxo de genes e o movimento da biota, facilitando a dispersão de espécies e a recolonização de áreas degradadas, bem como a manutenção de populações que demandam, para sua sobrevivência, áreas com extensão maior do que aquela das unidades individuais.

Diversidade Biológica - a variedade de organismos vivos de todas as origens, compreendendo, entre outros, os ecossistemas terrestres, marinhos, e ecossistemas aquáticos, e os complexos ecológicos de que fazem parte. Compreende ainda a diversidade dentro das espécies, entre as espécies e dos ecossistema.

Estação Ecológica - tem como objetivo a preservação da natureza e a realização de pesquisas científicas. É de posse e domínio públicos.

Extrativismo - sistema de exploração baseado na coleta e extração, de modo sustentável, de recursos naturais renováveis.

Floresta Nacional (FLONA), Florestas Estadual e Municipal - é uma área com cobertura florestal de espécies predominantemente nativas e tem como objetivo básico o uso múltiplo sustentável dos recursos florestais e a pesquisa científica, com ênfase em métodos para a exploração sustentável de florestas nativas. É de posse e domínio públicos.

Manejo Sustentável - todo e qualquer procedimento que vise assegurar a conservação da diversidade biológica e dos ecossistemas.

básicos proteger os meios de vida e a cultura dessas populações, assegurando o uso sustentável dos recursos naturais da unidade. É de domínio público com seu uso concedido às populações extrativistas tradicionais.

Reserva Legal - é a área de cada propriedade particular onde não é permitido o corte raso da cobertura vegetal. Essa área deve ter seu perímetro definido, sendo obrigatória sua averbação à margem da inscrição da matrícula do imóvel do registro de imóveis competente. Ainda que a área mude de titular ou seja desmembrada, é vedada a alteração de sua destinação. Como prevê o Código Florestal, o percentual das propriedades a ser definido como reserva legal varia de acordo com as diferentes regiões do Brasil,

Reserva Particular do Patrimônio Natural (RPPN) - é uma área privada, gravada com perpetuidade, com o objetivo de conservar a diversidade biológica.

Restauração: restituição de um ecossistema ou população silvestre degradada o mais próximo possível de sua condição original.

Sistema Nacional de Unidades de Conservação (SNUC) - o sistema foi instituído pela lei n° 9.985, de 18 de julho de 2004, de forma a estabelecer critérios e normas para a criação, implementação e gestão de Unidades de Conservação nos três níveis de Governo (federal, estadual e municipal). Os objetivos do SNUC estão descritos no artigo 4° da lei supracitada.

Unidade de Conservação (UC) - espaço territorial e seus recursos ambientais, incluindo as águas jurisdicionais, com características naturais relevantes, legalmente instituído pelo poder público, com objetivos de conservação e limites definidos, sob um regime especial de administração ao qual se aplicam garantias adequadas de proteção.

Unidade de Proteção Integral - o objetivo básico dessas unidades é preservar a natureza, sendo admitido apenas o uso indireto dos seus recursos naturais, ou seja, atividades educacionais, científicas e recreativas. Esse grupo divide-se nas seguintes categorias de Unidade de Conservação: estação ecológica; reserva biológica; parques nacional, estadual e natural municipal; monumento natural; refúgio de vida silvestre.

Unidade de Uso Sustentável - o objetivo básico dessas unidades é compatibilizar a conservação da natureza com o uso sustentável de parcela dos seus recursos naturais. Esse grupo é composto pelas seguintes categorias de Unidades de Conservação: área de proteção ambiental (APA); área de relevante interesse ecológico (ARIE); florestas nacional, estadual e municipal; reserva extrativista; reserva de fauna; reserva de desenvolvimento sustentável; reserva particular de patrimônio natural.

Uso Direto - aquele que envolve a coleta e o uso, comercial ou não, dos recursos naturais.

Uso Indireto - aquele que não envolve o consumo, coleta, dano ou destruição dos recursos naturais.

Uso Sustentável - exploração do ambiente de maneira a garantir a perenidade dos recursos ambientais renováveis e dos processos ecológicos, mantendo a biodiversidade e os demais atributos ecológicos, de forma socialmente justa e economicamente viável.

Zona de Amortecimento - o entorno de uma Unidade de Conservação, onde as atividades humanas estão sujeitas a normas e restrições específicas com o propósito de minimizar os impactos negativos sobre a Unidade.

Zona Costeira - faixa marinha que se estende 12 milhas mar afora, compreendendo a totalidade do mar territorial, e uma faixa terrestre formada pelos municípios que sofrem influência direta dos fenômenos ocorrentes na zona costeira (defrontantes com o mar ou não).

Zoneamento - definição de setores ou zonas em uma unidade de conservação com objetivos de manejo e normas específicos, com o propósito de proporcionar os meios e as condições para que todos os objetivos da Unidade possam ser alcançados de forma harmônica e eficaz.

Normas Regulamentadoras de Segurança e Saúde no Trabalho

Norma Regulamentadora Nº 01 Disposições Gerais

Norma Regulamentadora Nº 02 Inspeção Prévia

Norma Regulamentadora Nº 03 Embargo ou Interdição

Norma Regulamentadora Nº 04 Serviços Especializados em Engenharia de Segurança e em Medicina do Trabalho

Norma Regulamentadora Nº 05 Comissão Interna de Prevenção de Acidentes

Norma Regulamentadora Nº 06 Equipamentos de Proteção Individual (EPI)

Norma Regulamentadora Nº 07 Programas de Controle Médico de Saúde Ocupacional (PCMSO)

Norma Regulamentadora Nº 08 Edificações

Norma Regulamentadora Nº 09 Programas de Prevenção de Riscos Ambientais

Norma Regulamentadora Nº 10 Segurança em Instalações e Serviços em Eletricidade

Norma Regulamentadora Nº 11 Transporte, Movimentação, Armazenagem e Manuseio de Materiais

Norma Regulamentadora Nº 12 Segurança no Trabalho em Máquinas e Equipamentos

Norma Regulamentadora Nº 13 Caldeiras, Vasos de Pressão e Tubulações.

Norma Regulamentadora Nº 14 Fornos

Norma Regulamentadora Nº 15 Atividades e Operações Insalubres

Norma Regulamentadora Nº 16 Atividades e Operações Perigosas

Norma Regulamentadora Nº 17 Ergonomia

Norma Regulamentadora Nº 18 Condições e Meio Ambiente de Trabalho na Indústria da Construção

Norma Regulamentadora Nº 19 Explosivos

Norma Regulamentadora Nº 20 Segurança e Saúde no Trabalho com Inflamáveis e Combustíveis.

Norma Regulamentadora Nº 21 Trabalho a Céu Aberto

Norma Regulamentadora Nº 22 Segurança e Saúde Ocupacional na Mineração

Norma Regulamentadora Nº 23 Proteção Contra Incêndios

Norma Regulamentadora Nº 24 Condições Sanitárias e de Conforto nos Locais de Trabalho

Norma Regulamentadora Nº 25 Resíduos Industriais

Norma Regulamentadora Nº 26 Sinalização de Segurança

Norma Regulamentadora Nº 27 Registro Profissional do Técnico de Segurança do Trabalho no MTB

Norma Regulamentadora Nº 28 Fiscalização e Penalidades

Norma Regulamentadora Nº 29 Segurança e Saúde no Trabalho Portuário

Norma Regulamentadora Nº 30 Segurança e Saúde no Trabalho Aquaviário

Norma Regulamentadora Nº 31 Segurança e Saúde no Trabalho na Agricultura, Pecuária Silvicultura, Exploração Florestal e Aquicultura

Norma Regulamentadora Nº 32 Segurança e Saúde no Trabalho em Estabelecimentos de Saúde

Norma Regulamentadora Nº 33 Segurança e Saúde no Trabalho em Espaços Confinados

Norma Regulamentadora Nº 34 - A Condições e Meio Ambiente de Trabalho na Indústria da Construção e Reparação Naval.

Norma Regulamentadora Nº 35 Trabalho em Altura.

Norma Regulamentadora n.º 36 Segurança e Saúde no Trabalho em Empresas de Abate e Processamento de Carnes e Derivados.

Meio Ambiente e Tecnologia

Autor: **Mário Jorge Pereira**
272 páginas
1ª edição - 2010
Formato: 16 x 23
ISBN: **9788573939637**

Meio Ambiente e desenvolvimento Sustentável apresenta, primeiramente, as questões relacionadas ao Aquecimento Global: causas, consequências, o posicionamento da comunidade científica e as principais medidas adotadas pelas lideranças mundiais. Os detalhes da Conferência de Copenhague, a COP-15 e as alterações climáticas que afetam os Estados brasileiros.

Em seguida, a Geoengenharia, ideias radicais da ciência para reduzir o efeito estufa na Terra. Os impactos ambientais e soluções para aproveitamento dos resíduos urbanos. Sugestões dos especialistas sobre como deveria ser o desenvolvimento ideal para o nosso planeta. A nova geração de edificações autossustentáveis e os benefícios das cidades verdes.

As perspectivas futuras do petróleo na camada Pré-sal. O avanço nas pesquisas sobre os Biocombustíveis. As políticas que afetam o Etanol e sua importância estratégica. Produção e aplicação do Hidrogênio, considerado por muitos o combustível do futuro. Os projetos energéticos a partir de resíduos naturais orgânicos: Biomassa e Biogás...

À venda nas melhores livrarias.

EDITORA CIÊNCIA MODERNA

Anotações

Anotações

Impressão e acabamento
Gráfica da Editora Ciência Moderna Ltda.
Tel: (21) 2201-6662